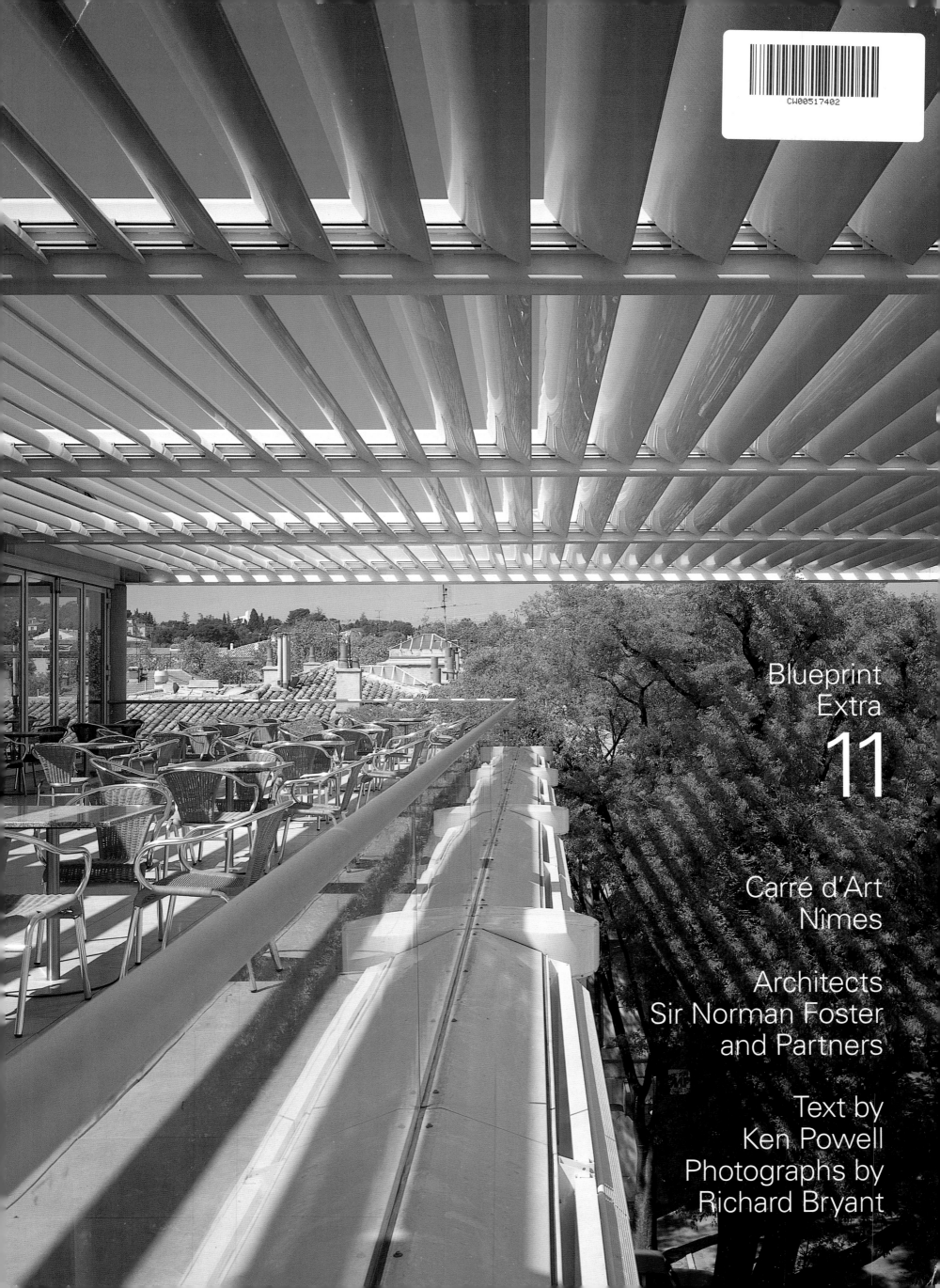

Blueprint
Extra

11

Carré d'Art
Nîmes

Architects
Sir Norman Foster
and Partners

Text by
Ken Powell
Photographs by
Richard Bryant

"I'm proud to think that it has a timeless quality," says Sir Norman Foster of the Carré d'Art. "There's a lot about it which is very traditional – it's essentially a response to a city which has both monumental grandeur and the richness which comes from small details." The Carré d'Art, which was opened in May 1993, stands at the heart of Nîmes, one of the most striking historic cities in southern Europe and a place for which Norman Foster has a strong affection.

The building was Foster's first French commission, and has inevitably been described as the "Pompidou of the south". It is the symbol of a campaign, led by the city's charismatic mayor, Jean Bousquet, to regenerate Nîmes as a centre of cultural and commercial excellence – part of a Mediterranean urban renaissance which extends in an arc from Barcelona (another city where Foster has made his mark) to Genoa. In this campaign, Foster has played a considerable, and continuing, role which extends beyond the design of a major public building to an overview of the city as both work of art and workplace.

At the centre of Foster's achievement, however, stands the Carré d'Art. It is the product of dialogue on several levels – firstly with a client whose vision Foster has embraced and given a striking physical expression and, secondly, with a city which encapsulates the tension between tradition and innovation, history and modernity, which is central to any discussion of architecture and urban development in contemporary Europe.

Foster first visited Nîmes in July 1984. A limited competition for the design of a new arts and media centre (it was initially described as a "mediathèque") had been announced that spring and Foster was one of twelve distinguished architects from around the world who had been invited to participate. The list of invitees was itself evidence of the high ambitions which Jean Bousquet, elected mayor of Nîmes in March 1983, had for his city. From France there were Paul Andreu, Jean Nouvel and Christian de Portzamparc, all leaders of their profession; from the USA were Frank Gehry, Richard Meier and Cesar Pelli. The Austrian Hans Hollein, the Italian Aldo Rossi, Alvaro Siza from Portugal and Arata Isozaki from Japan were equally renowned figures. Foster was one of two Britons to be included – the other was James Stirling, whose Staatsgalerie in Stuttgart had recently opened to great acclaim.

Foster decided to visit the competition site before meeting the mayor and his committee. He arrived at Nîmes late in the day. That evening and the next morning he wandered the streets, made lots of sketches and took many photographs. There was a private view at the Musée des Beaux Arts, where Foster saw some of the collection which would, almost a decade later, be installed in his own building. "It was a memorable visit," Foster recalls. "I was deeply impressed by the urban structure of Nîmes with its strong, simple routes and good spaces – particularly the space which was the setting for the Maison Carrée, the third-century Roman temple. I felt that this space should not be changed – it was familiar and worked well." At the interview, several committee members asked Foster if he knew the town well, since he seemed very familiar with its streets and monuments. "They seemed surprised that I had bothered to look around," Foster says.

Jean Bousquet had decided to run for the office of Mayor in his native city because he felt the existing administration lacked any programme, any clear vision, for its future development. A political independent – "I'm a liberal – unaligned," he says – he had built up a highly successful fashion and perfumery business and become a very wealthy man. He was a clear outsider, yet he caught the imagination of the Nîmois, was elected, and has continued in office ever since.

New architecture has served as an expression of Bousquet's vision. Philippe Starck, Jean-Michel Wilmotte, Brunet & Saunier, Jean Nouvel, Kisho Kurokawa and Vittorio Gregotti have all completed projects in Nîmes during his mayoralty – an astonishing record of patronage for a small provincial city. The Paris headquarters of Bousquet's company, Cacharel, is close to the Pompidou Centre. "I had watched it go up during the 1970s," he says, "It seemed to me a fantastic success: the sort of thing Nîmes needed." There were many priorities which Bousquet had to tackle in his first year of office, but the idea of giving Nîmes a major cultural and arts centre was not allowed to lapse. Bousquet was convinced that there was only one possible site, given the importance of the project.

Close to the Maison Carrée, one of the most perfect Roman buildings to have survived anywhere, across the Place de la Comédie, stood a theatre, opened in 1803. In 1952 the theatre was gutted in a disastrous fire. It was never restored and eventually the site was cleared to make a car park, leaving only the imposing Classical colonnade which faced the Maison Carrée. It remained there, a handsome if rather pathetic remnant, for over three decades.

Jean-Marie Massadau, who had come to Nîmes in the early 1980s as municipal librarian, had eyed the old theatre site as ideal for a new central library. He found that the new mayor was sympathetic to his ideas but wanted something more than a library. With Robert Calle (a native of Nîmes) brought in from Paris as director of art galleries, the

plan was to create an integrated arts centre. The idea of a "Pompidou of the south" was born.

"It was a very challenging site," admits Bousquet, "But I felt strongly that there was something entirely appropriate about making a Roman site a setting for contemporary life. It had to do with the continuity of urban life here." During the spring and summer of 1984 the project progressed rapidly and an architect was selected. The list of twelve possible candidates was reduced though a series of interviews to five: Isozaki, Gehry, Nouvel, Pelli and Foster. It was an impressive short-list. Isozaki, in the event, withdrew, but Gehry, Nouvel and Pelli all produced proposals. Gehry's was expressive and idiosyncratic where Pelli's was calm and restrained, cleverly encapsulating the old colonnade inside his building – but neither quite captured what was needed for the site. Nouvel's approach was typically radical. He proposed to bury the new building underground so that nothing new would impinge on views of the Maison Carrée, which would be seen across a much-enlarged square, a work of art displayed in striking isolation.

Foster was, however, the clear winner, his appointment confirmed in October 1984. His proposals were, says Jean Bousquet, "the most classical – in the sense that he seemed to have looked at the city and to have been inspired by

it." Foster, unlike other competing architects, had been content to take the existing footprint of the old theatre and put a new building on it. By putting much of the accommodation below ground, however, he kept the profile of the proposed building acceptably low. His scheme provided for a "portico" – a memory of the old theatre but making good use of twentieth-century technology and, in form, more of a canopy. It topped a facade which, to the surprise of most critics, was faced largely in natural local stone.

Foster – the northerner – responded generously to the climate of the south. The portico provided shelter from the sun. Beyond the weighty front elevation, the building would make ingenious use of the strong southern light. The central atrium, to be topped, he proposed, by an opening roof, recalled the courtyards of old houses and *hôtels particuliers* he had seen in the centre of Nîmes. Foster had been much impressed by the city's old buildings – the Arena and the magnificent Jardin de la Fontaine (containing the enigmatic Tour Magne) in particular. The new building lay on an obvious route between the two. Foster envisaged it as a part of the route. Instead of a solid block of building, it should become a way through, an arcade. If pedestrians used it as a short-cut, so much the better: they would find a clear path across the interior.

The strength of the Foster scheme lay in its response to the context: it was respectful but clearly a product of the late twentieth century. However, immediately after the competition result was announced, the mayor took Foster to the top of the steps of the Maison Carrée, pointed across to the nineteenth-century colonnade and told him that it was his job to keep it. Bousquet was, apparently, facing strong public pressure for the retention of the old colonnade. Over 17,000 people had signed a petition in favour of keeping it and there was some pressure from central government officials to see it retained. Foster was therefore asked to produce a revised version of his scheme, incorporating the portico. He did so, without much conviction. Drawings were made and models

produced, but Foster was uneasy about the results. "I was completely relaxed about the idea in principle," he says, "But it just wasn't feasible in practice and I had to tell the mayor in the end that this was the case. You could have done a wonderful art gallery behind that colonnade, but not with the mix of uses and spaces that was wanted." Mayor Jean Bousquet remembers the matter of the portico as something of a minor political crisis. He concluded that it had to go and that only he could take the decision that it should. "Bousquet had the courage to take that decision", says Foster, "and I was even more convinced that we had found a remarkable client."

Winning the Nîmes competition was an important landmark in Norman Foster's career. The commission to design a major new

To a remarkable degree, the 2000-year-old amphitheatre and the Maison Carrée (the temple of Diana), are an essential part of everyday life in Nîmes. Foster's building seeks to reinforce that relationship. It stands directly opposite the Maison Caée, on the site of the city's nineteenth-century opera house. Foster's plan also involved sweeping away the parked cars from the temple square, left.

Les arènes, vieilles de 2000 ans, et la Maison Carrée (le temple de Diane) constituent une part essentielle de la vie quotidienne de Nîmes. Le bâtiment de Foster cherche à renforcer ce lien. Il se tient directement en face de la Maison Carrée, sur le site de l'opéra de la ville qui fut construit au XIXe siècle. Il fut aussi envisagé dans le plan de Foster d'éliminer le parking des voitures de la place sur laquelle se trouve le temple, à gauche.

building for the BBC in London's West End had brought him up against the issues of building in an historic urban setting – the project was abandoned in 1985 – but his earlier jobs had mostly been on out of town sites. The ten years which it took to complete the Carré d'Art saw Foster confirmed as one of the world's leading urbanists.

As the office got down to the task of detailed design in the autumn of 1984, the central elements of the competition scheme were rapidly developed. The portico (or canopy) facing the Maison Carrée was a constant. "There was a conscious exploration of Classical themes," says Foster, "and a definite idea of dialogue with the Maison Carrée". At the same time, the idea of unifying the space between the buildings – a mess of roads, car parking, and varying levels – emerged. Foster's early sketches show the Place de la Comédie treated as a place for people, a totality. It was apparently impossible to completely close the boulevard which runs north-south across the square, but much could be achieved by paving and the exclusion of parked cars. The two buildings were separated by seventeen centuries but should be brought together as an expression of the continuity of city life and urban culture.

It was logical that the galleries for works of art (the city's permanent collection and loan exhibitions) should be located on the upper floors of the building, with top lighting where possible and Kahnian "light funnels" providing daylight below. A system of louvres would be required to filter light to achieve the best, most conservation-conscious system of natural illumination, to be supplemented by state-of-the-art electric lighting. For this, Foster brought in a favourite collaborator, the American Claude Engle. The public library would be located below, its spaces extending below street level for several floors but all having the benefit of natural light. Further levels of basements would contain stores for works of art and books as well as services.

The building could be seen as a meeting place for two cultures: the written, literary culture embodied in the library and the visual, graphic culture of the art gallery. The entrance space and atrium had to bring these cultures together. A similar fusion had characterised Rogers & Piano's Pompidou Centre but the flexible, open spaces of the Pompidou – a building which was anything but "timeless" – were not to be repeated in Nîmes. Since the Pompidou had opened in 1977 there had been a reaction in favour of more traditional gallery spaces. At Nîmes, moreover, the rivalry between the two "empires" of the library and the art gallery ensured a strict demarcation between their territories. There could be no revolutionary breaking-down of the barriers, but the building still had to be comprehensible as a unity. Foster's central courtyard would be a meeting place for people – and a meeting place for the two cultures.

"The heart of the project," wrote Foster, "is a kind of gallery courtyard with a generous cascading staircase linking all the public levels." The traditional roots of this space were clear from the start – Foster's tribute to the urban landscape of old Nîmes had been a strong factor in his competition victory. But there were strong influences which came from far beyond the boundaries of Languedoc-Roussillon. The management of natural light is an art at which Norman Foster famously excels. In the Midi the daylight is strong – at times intense. The Carré d'Art was designed to make optimum use of light, but equally to manage it in practical and aesthetic terms. Foster has long admired the native architecture of Japan, where diffused light, screened and filtered, is used to serene effect – a quality he sought in the Carré d'Art. Thirty years ago, he discovered a European building where the scarce daylight found at the heart of an old city district was employed with similarly magical impact. The Carré d'Art was to develop into something of an act of homage to that building : Chareau & Bijvoet's Maison de Verre in Paris. On one level, the Carré d'Art was to incorporate lightweight elements, metal and glass, on another, it was a palpably a solid structure, concrete-framed and partly stone-faced in recognition of its context. The building was to sit on a massive base of local stone. There would be a great glass slit in the facade, but a measure of monumentality was a fundamental aim. The building "must not look industrial", Foster insisted in a marginal note on one of his sketches.

It was to be nearly two years after the competition that the final go-ahead for work to start on site came from Paris. Though the bulk of the funds for the project came from the city of Nîmes, with a sizeable donation from the regional government, central government support was needed. Even then, construction work did not begin until early in 1988. In the autumn of that year there was a near-catastrophe. Heavy rains pouring down from the garrigue above the city flooded the centre of Nîmes. The site of the Carré d'Art was inundated. It was the sort of occurrence which nobody could have predicted. Work was delayed and the architects were asked to look urgently at ways of protecting the building – where precious books and works of art would be stored below street level – from any similar disaster. (Bousquet meanwhile turned his attention to an urgent overhaul of Nîmes' main drains…) Burying so much space had always been an expensive option, but it was the only way of making the building fit the site without making it unacceptably high – the basements were central to

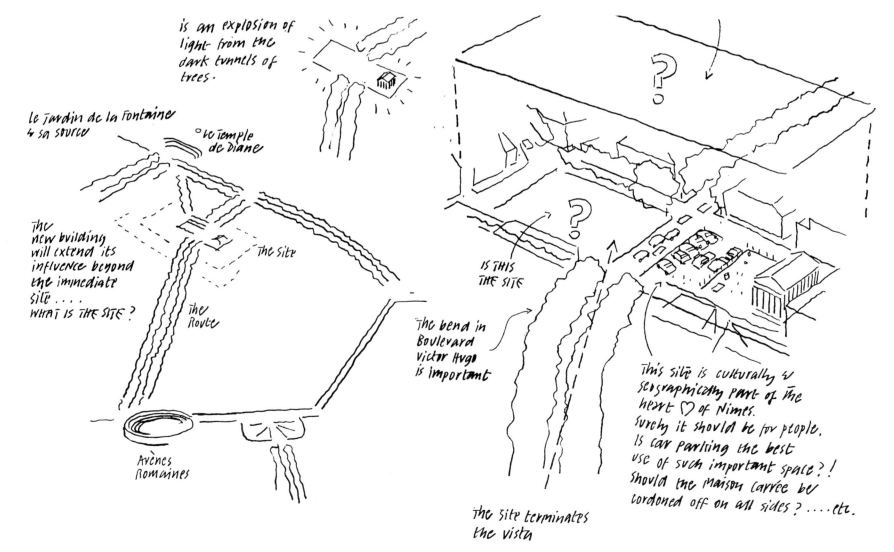

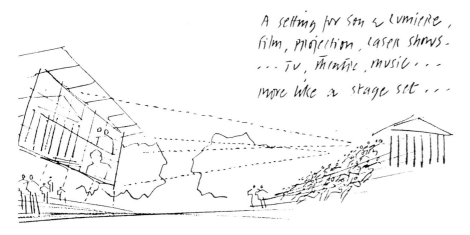

A setting for son & lumière, film, projection, laser shows. ...Tv, theatre, music... more like a stage set...

Foster's early studies for Nîmes addressed not just the issue of the building itself, but also developed a strategy for relating the mediatheque, as it was initially called, to its immediate setting, and the city as a whole.

Les premières études de Foster pour Nîmes dépassaient le cadre du seul bâtiment, et proposaient une stratégie destinée à relier la médiathèque, comme elle fut d'abord nommée, à son contexte immédiat et à la ville dans son ensemble.

the scheme. Facing up to the real danger of floods, Foster made a virtue of necessity by elevating the building on a "podium" 1.5 metres high which encircled it completely. As a "Classical" feature, it might have seemed at odds with Foster's architecture but the effect of the addition was to tie the building even more clearly to its setting. In any case, the competition scheme had originally shown the building set on a stepped base.

As the project evolved, and delays resulting from planning and funding problems provided ample time for revisions, the monumentality of the competition scheme was gradually diluted. Areas of stone facing gave way to glass, steel and bronze. At one point, the facade looking across to the Maison Carrée turned concave – an inviting, disarmingly informal gesture recalling the great entrance space of Foster's BBC scheme – but the formal geometry of the building was in due course

reinstated. The "portico" emerged as something more obviously related to its Classical antecedents, which also provided an appropriately monumental scale. Foster, one critic suggested, had had a clear vision from the beginning of the building he wanted to create – the competition scheme had always been intended as a tactic, to be replaced in due course by something more uncompromising. This interpretation, however, disregards the degree to which Foster and his team learned from Nîmes as the project progressed and their growing confidence that an uncompromisingly contemporary design could contribute very positively to the historic urban scene. By the spring of 1985, the scheme had acquired the glass, metal and concrete facade which was to survive into the completed building. The facade was, however, set at an angle, while the atrium/galleria had been moved to

one side. The space was essentially disposed as before: two floors of galleries on top, three levels of library space below, with basement levels for storage. Access to the various floors was to be via a series of great ramps, rather than stairs, with lifts and stairs at the perimeter providing views out over the town. The designs had now moved closer to what some puzzled critics of the competition-winning scheme considered a "typical" Foster approach. But they were to develop further, producing results (which exemplify the degree to which Foster's architecture is as "traditional" as it is "modern") through a rigorous process of refinement and revision. The Carré d'Art, indeed, reflects the way in which Foster's work has developed between the time of the BBC scheme and the Sackler Galleries at London's Royal Academy (the latter project was commissioned, designed and completed while the

Carré d'Art was under construction).

Getting the Carré d'Art built meant opening an office of Foster's practice in Nîmes. Nobody who was involved pretends that the job was problem-free – local contractors and the French construction industry in general were an unknown quantity and working relationships had to be forged through experience. The scheme had to be fine-tuned to the requirements of the end-users and there were changes along the way. Nonetheless, once the site had been retrieved after the 1988 floods, progress was rapid and the building was effectively completed before the end of 1992, leaving a period of around six months for fitting out. Foster is proud of the fact that the final cost (a total of FF235 million excluding fittings) was well within the original budget.

Foster's wish to create something "timeless" – "juxtaposing the new with the old to create a richer totality" – has found fluent expression in the completed building. Foster has succeeded in reclaiming the Place de la Comédie as "a place for people" with simple stone paving stepped down to make a bowl which dignifies the setting of the ancient Maison Carrée. The outline of Roman remains, uncovered in archaeological digs which preceded the start of works, have been marked out in the paving. The Carré d'Art is clearly not a "Classical" building in any obvious sense. Foster talks of "a conscious

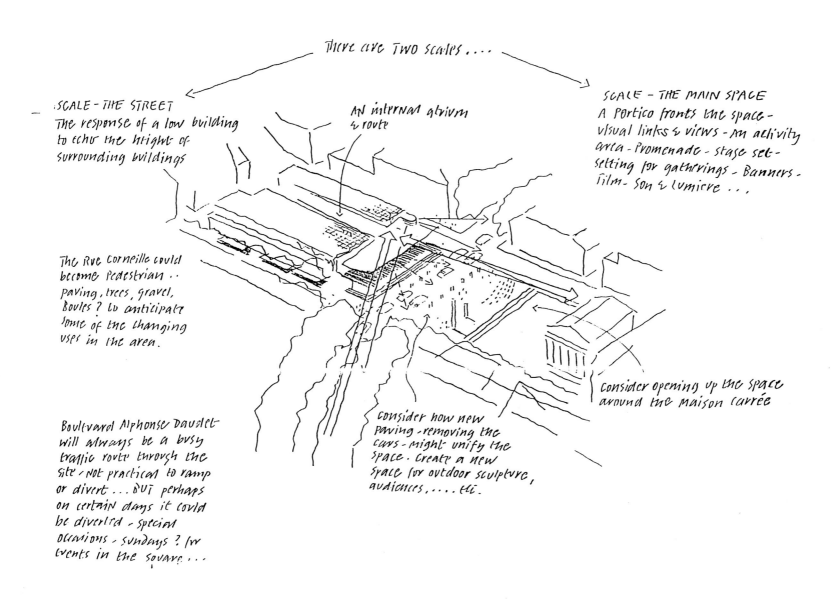

There are Two scales ....

SCALE - THE STREET
The response of a low building to echo the height of surrounding buildings

An internal atrium & route

SCALE - THE MAIN SPACE
A portico fronts the space - visual links & views - An activity area - Promenade - stage set - setting for gatherings - Banners. Film - Son & lumière ...

The Rue Corneille could become Pedestrian .. paving, trees, gravel, Boules ? to anticipate some of the changing uses in the area.

consider how new paving - removing the cars - might unify the space. Create a new space for outdoor sculpture, audiences,.....etc.

consider opening up the space around the Maison Carrée

Boulevard Alphonse Daudet will always be a busy traffic route through the site - not practical to ramp or divert ... but perhaps on certain days it could be diverted - special occasions - sundays ? for events in the square ...

exploration of Classical themes" and of the necessity to engage in a dialogue with the famous Roman temple. The very slender steel columns supporting the canopy are five in number – a clear rejection of Classical practice. The elevation to the square is calm, neither over-demonstrative nor obviously recessive or over-respectful. It has the simple dignity of finely judged proportion and fastidious detailing. Below the canopy, a survival from the competition scheme, the facade is indented, expressing the entrance and the internal galleria, which remains off-centre. Ascend the steps to the entrance and you get views down into the library reading room. Inside the building, the glass staircase is the central feature – Foster's first use of a device which he has since used on other occasions (most notably at the Sackler Galleries). Its rationale in this instance is obvious – part of a strategy for getting daylight down into the lower areas of the building where the library is located. The glazed hydraulic lift is another feature later to become familiar in the Sackler Galleries.

The interior of the Carré d'Art clearly expresses the tension between the solid and monumental and the lightweight, even ethereal, elements, which has characterised the project since its first emergence in the 1984 competition scheme. The centre of the building is, as Foster always intended, a courtyard,

rising full height to the glazed roof. Sadly, the original suggestion that this roof might open, like the oculus of a great telescope, to the sky could not be realised. The client demanded an absolute guarantee that such a mechanism would never fail. But what if one of the sudden electrical storms which occur in southern France – the deluge of 1988 had not been forgotten – led to a power failure? With the roof stuck open, it was feared, the building could be flooded in minutes. Foster had to concede that no mechanical system could be foolproof: "The mayor couldn't risk it and we had to amend the scheme," he says. "But we will do it somewhere, perhaps in a place where the climate is more predictable." Below the pitched roof – another gesture towards the climate – a fabric membrane is stretched to provide a soft, even light. Combined with computer-controlled roof-mounted louvres which shut out direct sunlight, and a system of brise-soleil cladding on each of the four facades, the device ensures good daylighting while filtering the hot southern sun and protecting works of art and books as well as ensuring comfortable conditions for the building's users.

The plan of the building is basically very simple – based on a regular series of in situ concrete posts which are expressed in the columns on the facade. High quality concrete is juxtaposed with steel and glass throughout. The floors are conceived

as galleries around the central space. "There was a very conscious attempt to vary views: inside and outside; close to and at a distance," Foster explains. "It's about visual connections. You've got views out to the central space – even if it's just a glimpse – but the various spaces remain private worlds." Throughout the building, it is the absence of any feeling of enclosure which impresses. Foster's daylighting strategy was critical to this sense of well-being in a building which accommodates a lot of space on a tight site. The project involved Foster and his colleagues in a very extensive research programme into new glazing technology – the result is a virtuoso exercise in the use of glass, clear, opaque and textured.

But the aim is not simply pleasing visual effects. The Carré d'Art is an emphatically low-energy building. Traditionally, buildings in the Mediterranean region employ thick walls and small window openings to cope with climatic extremes. The most obvious modern alternative is provided by sealed, artificially-serviced buildings. Full air conditioning would have been at odds with Foster's wish to build "naturally". Instead, an assisted ventilation system, operating through ducts in the concrete floor slabs, is used. Ventilation and heating plants are located at basement level.

The Carré d'Art provides plenty of opportunities for views out to

the historic town beyond its walls. In only two places, however, is it actually possible to get outside. A roof-top café, tucked under the great canopy and accessible from the top floor galleries, provides wonderful views across to the Maison Carrée. And at the rear of the building, a little balcony gives glimpses of the Tour Magne. But Foster's building is never a fortress of art, shut off from the streets. In Foster's words, it "reaches out and embraces the public". There is nothing of the palace of culture about it. In origin, it could be argued, the building is a Miesian pavilion, a pure glass box, adapted to local conditions. But Foster's early admiration for the German-American master has been tempered in recent years by a desire for greater expressiveness and complexity. The Carré d'Art has a drama and a vigour which is not very Miesian at all. It is, in some ways, an enigmatic work, located in spirit somewhere between the logical rigour of the Sainsbury Centre and the more evocative and consciously expressive Cranfield Library, the latter surely incorporating many of the lessons of Nîmes.

The Carré d'Art is not the sum of Foster's contribution to Nîmes. Jean Bousquet believes that the city must plan for growth. While preserving its historic core intact, he argues, it must open up its hinterland. Foster had been fascinated by the urban form of Nîmes from the time of his first visit. Foster had identified the

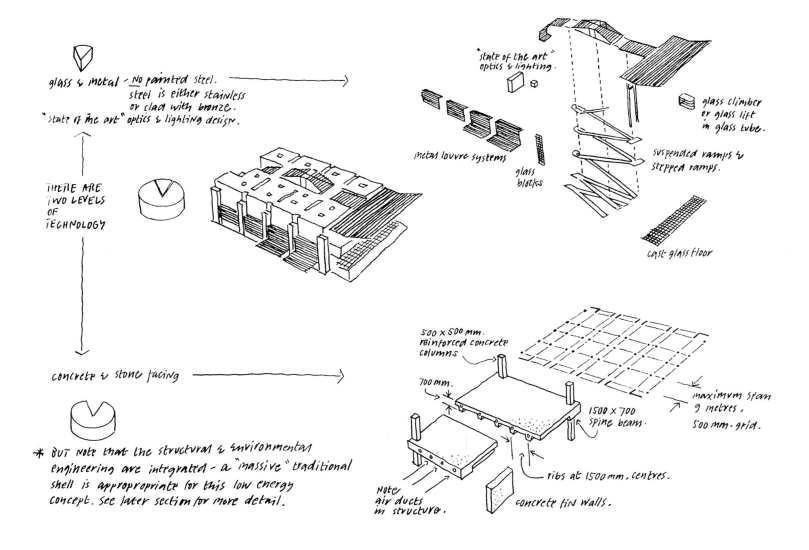

inner boulevard as part of the setting of the Carré d'Art. He could never imagine the building in isolation from the city. Mayor Bousquet has involved a number of designers in revitalising the city's streets – Starck, for example, has designed paving, light fittings and other features. Foster's attention has concentrated on the inner circle of boulevards which form a "rampart", as it were, to the ancient heart of Nîmes. By strengthening the tree planting which marks out this historic boundary – on the site of the Roman walls – Foster aims to humanise them as places for people rather than just highways. Paving and street furnishings should be upgraded, he suggests, to make the fringe of the old city more attractive.

On the west side of the central area of Nîmes, Foster proposes, by means of planting and the redesign of road and pavement surfaces, to give a new sense of place to the Boulevard Jean Jaurès. Laid out early this century, the boulevard is a failed experiment in Beaux Arts planning which did not attract the expected new development and effectively leads nowhere. Ironically, its form is that of the famous Ramblas in Barcelona – a wide central pedestrian way flanked by roads. But only once a week, when a market is held there, does the boulevard come to life. Foster's "axis" makes it into a new backbone for Nîmes, extends it southwards, beyond the railway and outer ring

road, some eight kilometres towards the sea. Described by Bousquet as "an infinite gesture", the Foster *axe* strikes out heroically through the urban fringe into the fields. At first sight, it is a very French notion – logical and direct to a degree. Foster admits that it is "a grand civic gesture", but believes that it is the key towards giving form and order to the city fringe. It is not an arterial road, to be lined with random development, but a link, an orderly transition, between the heart of the city and the country.

The year of the opening of the Carré d'Art saw Foster participating in another architectural competition in Nîmes. The site of the "Ilot Grill", as it came to be known, is at the very bottom of the Boulevard des Arènes, facing the great Roman Arena. The brief was for a mixed use building of 7500 square metres incorporating a new tourist office on the ground floor, along with shops, restaurants, and a bank, and 50 flats and a small area of offices on the upper four floors. Two basement levels were to provide parking spaces for 200 cars.

Foster began his examination of the site by considering the likely viewpoints of those involved in the scheme, either as promoters or end-users. He wanted to create a building which, as well as meeting the functional brief, embraced the city. The life of the city should flow through the building. The focus of the scheme would be an open court

– a theme which was previously pursued in the designs for the Carré d'Art but here to be kept completely open to the sky. (The possibility existed that the scheme would be extended at a later date and Foster envisaged it expanding around two subsidiary courtyards.)

The Ilot Grill proposal developed from the design of a building to the creation of a small new quarter of the city. The courtyard would be the heart of it, with flats looking down into the public space and a fountain forming the centrepiece. Pedestrian circulation would be into and across the site, with tourist office, bank and shops addressing the square as well as the surrounding streets and a café located in the prime position, facing the Arena. The proximity of the great Roman monument was a critical matter. The Carré d'Art had evolved as a light and slender structure out of respect for the Maison Carrée. Ilot Grill was to have a relatively weighty facade, faced in stone and tied visually to a new paving scheme on the boulevard, laid out on a grid which reflected that of the building. Foster produced a rigorous, classical and southern approach to the use of the site.

Nîmes has had a considerable influence on Norman Foster. It has inspired him to explore more fully the classical urban traditions of Europe and to examine the ways in which they can be reconciled with the technological age, an age which has turned what was a sleepy

backwater into one of the most progressive cities in the Mediterranean region. The weight of history in Nîmes is palpable. One response to history is to imitate. It is a poor form of homage to the past. Foster's Carré d'Art is, more than any other new building in Nîmes, the symbol of the city's new identity. Foster's inspired balance of traditional architectural and urban values – focused on the street, the courtyard and the portico – with new forms and technologies has enormous significance as the Mediterranean sun-belt consolidates its position in the new Europe.

'J e suis fier de penser que sa qualité existe hors du temps," déclare Sir Norman Foster à propos du Carré d'Art." A bien des égards, ce bâtiment est traditionnel: il consiste essentiellement en une réponse à une ville qui associe une grandeur monumentale à une riche complexité issue d'une abondance de détails. "Le Carré d'Art, inauguré en mai 1993, est situé en plein coeur de Nîmes, une ville historique parmi les plus mémorables de l'Europe méridionale pour laquelle Norman Foster nourrit une affection particulière. La première commande de Foster en France, le bâtiment fut inévitablement décrit comme le "Beaubourg du sud". Le Carré d'Art est devenu le symbole d'une campagne animée par un maire charismatique, Jean Bousquet,

in context . . . .

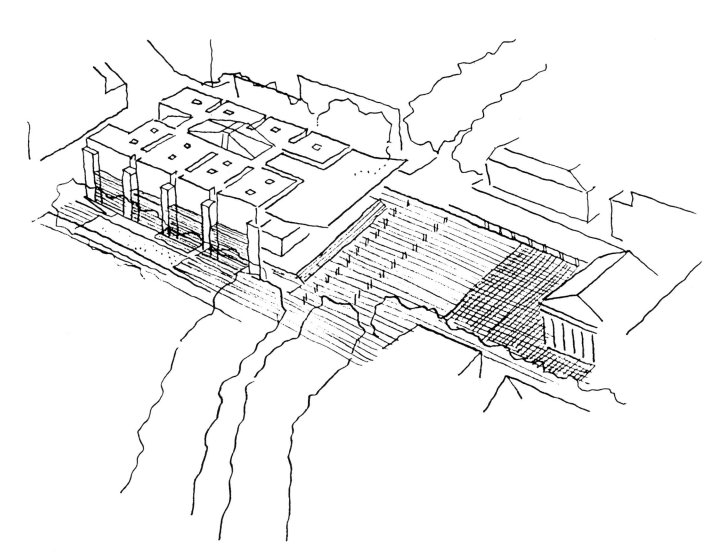

Foster envisaged a palette of materials that would not challenge its neighbour by looking agressively contemporary, or by being fleetingly fashionable.

Foster imagina une gamme de matériaux qui ne mettaient pas au défi la Maison Carrée par une apparence contemporaine agressive ou par un look éphémère à la mode.

destinée à refaire de Nîmes un centre d'excellence culturelle et commerciale. Elle s'inscrit dans le cadre de la renaissance urbaine du bassin méditerranéen dont l'influence s'étend en arc de Barcelone (une autre ville où Foster s'est fait un nom) jusqu'à Gênes. Dans cette campagne, Foster a joué un role ininterrompu considérable. Celui-ci échappe à la seule conception d'un bâtiment public d'envergure, et s'étend jusqu'à formuler une vision d'ensemble de la ville, envisagée à la fois comme oeuvre d'art et espace de travail.

Néanmoins, le Carré d'Art se tient au centre de cette réflexion. Il est l'aboutissement d'un dialogue complexe, tout d'abord avec un client dont Foster a épousé la vision puis donné à celle-ci une expression concrète frappante, et deuxièmement, avec une ville qui résume la tension entre tradition et innovation, histoire et modernité – un thème qui domine le débat sur l'architecture et l'aménagement urbain dans l'Europe d'aujourd'hui.

Foster visitait Nîmes pour la première fois en juillet 1984. Un concours sur invitation pour la conception d'un nouveau centre des arts et des média (celui-ci fut d'abord appelé "médiathèque") fut annoncé au printemps de cette même année. Foster figurait parmi 12 architectes de renom selectionnés de par le monde entier pour y participer. La liste des invités témoigne en elle-même des hautes ambitions nourries pour sa ville par Jean Bousquet, qui fut élu maire de Nîmes en mars 1983. Parmi les Français se trouvaient Paul Andreu, Jean Nouvel et Christian de Portzamparc, tous chefs de file de l'architecture française, et parmi les Americains, Frank Gehry, Richard Meier et Cesar Pelli. L'Autrichien Hans Hollein, l'Italien Aldo Rossi, Alvaro Siza du Portugal et Arata Isozaki du Japon étaient également des architectes de notoriété internationale. Foster fut l'un des deux Anglo-Saxons sélectionnés – l'autre étant James Stirling dont la Staatsgalerie à Stuttgart, récemment ouverte au public, remportait un grand succès.

Foster partit pour le sud de la France dans son propre avion pour visiter le site avant de rencontrer le maire et son comité. Il arriva dans la ville tard dans la journée. Durant la soirée et le matin qui suivit, il erra dans les rues, fit quantité de croquis et prit de nombreuses photos. A un vernissage au Musée des Beaux Arts, il put voir une partie de la collection qui, presque dix ans plus tard, fut installée dans son propre bâtiment. La corrida battait son plein dans les arènes romaines et la foule emplissait les rues. "C'était une visite mémorable," se rappelle Foster. "J'étais profondément impressionné par la structure urbaine de Nîmes, par ses routes au tracé fort et simple et par ses beaux espaces – particulièrement par celui dans lequel se tient la Maison Carrée. Je sentais que cet espace ne devrait pas être changé: il semblait accessible et fonctionnait bien." Pendant l'interview, plusieurs membres du comité lui demandèrent si il était familier avec la ville, puisqu'il semblait connaître si bien ses rues et ses monuments. "Ils avaient l'air surpris que j'eusse fait l'effort de regarder autour de moi," dit Foster.

Jean Bousquet avait décidé de se présenter aux élections municipales de sa ville natale parce qu'à ses yeux, à l'administration d'alors manquaient tout programme, toute vision en rapport avec son aménagement futur. Politiquement indépendant – il se considère comme "un libéral, non-aligné" – l'entreprise de mode et de parfum fondée par lui en fit un homme extrêmement riche. Bien qu'il fut un outsider, il sut toucher l'imagination des Nîmois et fut élu maire de la ville, fonction qu'il n'a cessé d'exercer depuis. La nouvelle architecture servit à exprimer la vision de Bousquet: Philippe Starck, Jean-Michel Wilmotte, Brunet & Saunier, Jean Nouvel, Kisho Kurokawa et Vittorio Gregotti ont tous construit à Nîmes depuis son élection. Leurs réalisations témoignent d'une politique de patronage exceptionnelle pour une petite ville de province. Le siège parisien de l'entreprise de Bousquet, Cacharel, est proche du Centre Pompidou. "J'en ai suivi la construction pendant les années 70," dit-il. "Il m'apparaissait comme un succès fantastique: le genre de chose dont Nîmes avait besoin." Bousquet dut faire face à de nombreuses priorités durant la première année de son mandat, mais l'idée de donner à Nîmes un centre culturel et artistique d'envergure ne fut jamais écartée. Bousquet était convaincu qu'étant donné l'importance du projet, seul un site pouvait convenir.

Celui-ci est dominé par la Maison Carrée, un temple du troisième siècle parmi les bâtiments romains les plus beaux qui ont survécu jusqu'à ce jour. Un théâtre datant de 1803 lui faisait face de l'autre côté de la Place de la Comédie. En 1952, un incendie désastreux ne laissait que la carcasse de ce théâtre qui ne fut jamais restauré. Ce qui en subsistait fut éventuellement démoli pour faire place à un parking. Seule fut préservée l'imposante colonnade classique qui faisait face à la Maison Carrée. Ce vestige élégant mais poignant devait y rester pendant 30 ans encore. Jean-Marie Massadau, qui arriva à Nîmes au début des années 80 après avoir été nommé bibliothécaire de la ville, avait repéré le site du vieux théâtre comme le lieu idéal pour une nouvelle bibliothèque centrale. Il se rendit compte que le nouveau maire était bien disposé à l'égard de ses idées bien qu'il souhaitait davantage qu'une bibliothèque. Avec Robert Calle (originaire de Nîmes) rappelé de Paris pour prendre la direction

des musées, le projet consistait à créer un centre intégré pour les arts. L'idée d'un "Beaubourg du sud" était née.

Selon Bousquet, "le site relevait du défi. Mais transformer un site romain pour en faire un cadre de la vie contemporaine me semblait entièrement justifié. La continuité de la vie urbaine était en jeu." Durant le printemps et l'été de 1984, le projet avança rapidement et un architecte fut choisi. A la suite d'interviews, la liste des 12 candidats fut réduite à cinq: Isozaki, Gehry, Nouvel, Pelli et Foster. C'était une sélection impressionnante. Isozaki déclina l'invitation, mais Gehry, Nouvel et Pelli soumirent tous un projet. Gehry fut expressif et original, là où Pelli, intégrant astucieusement l'ancienne colonnade à l'intérieur de son bâtiment, fut calme et retenu. L'approche de Nouvel fut à son habitude radicale, Il proposa d'enterrer le nouveau bâtiment en sous-sol de façon à ce que rien de nouveau ne vienne empiéter sur les vues de la Maison Carrée. Celle-ci pourrait ainsi être admirée au travers d'une place désormais beaucoup plus vaste, telle une oeuvre d'art exposée dans un splendide isolement.

Foster fut néanmoins le lauréat incontestable, et sa nomination fut confirmée en octobre 1984. Son projet était, selon Jean Bousquet, "le plus classique, dans le sens où il semblait avoir regardé la ville et s'en être inspiré". Foster, contrairement aux autres concurrents, s'était contenté de placer le nouveau bâtiment à l'endroit précis où se tenait le vieux théâtre. En reléguant toute une partie du programme en sous-sol, il put faire en sorte que sa hauteur resta acceptable. Dans son projet figurait un "portique". Tout en évoquant la colonnade du vieux théâtre, celui-ci faisait bon usage de la technologie du XXe siècle et tenait davantage par sa forme à un auvent. Il surmontait une façade qui, à la surprise de la plupart des critiques, était en grande partie habillée d'une pierre naturelle d'origine locale. Venant du nord, Foster répondait avec générosité au climat du sud. Le portique procurait un abri contre le soleil. Derrière cette façade massive, le bâtiment utiliserait de façon ingénieuse la lumière forte du Midi. L'atrium central au dessus duquel un toit ouvrant fut d'abord envisagé, rappelait les cours des vieilles maisons et des hôtels particuliers du centre de Nîmes. Foster avait été vivement impressionné par les anciens bâtiments de la ville, en particulier par les arènes et le magnifique Jardin de la Fontaine (où se trouve l'énigmatique Tour Magne). Situé à mi-chemin entre les deux, Foster conçut le nouveau bâtiment comme faisant partie intégrale de la route, déjà clairement établie, reliant arènes et jardin. Au lieu d'un bloc solide, le bâtiment devrait permettre d'être traversé, comme une arcade. Si les piétons choisissaient de l'emprunter comme raccourci, tant mieux: ils trouveraient un chemin dégagé à travers l'intérieur.

La force du projet de Foster tient à sa réponse vis à vis du contexte, à la fois respectueuse du passé et clairement accordée au XXe siècle. Visitant Nîmes peu de temps après que le résultat du concours ait été annoncé, Foster rencontra Bousquet et tous deux visitèrent le site. "Nous sommes montés au sommet de l'ancien portique," se rappelle-t-il, "et le maire me dit: votre tâche est de garder ceci et de placer le nouveau bâtiment derrière." Foster fut surpris: il avait supposé qu'il aurait carte blanche quant à l'aménagement du site. Bousquet faisait face à une forte opposition publique en faveur de la préservation de la colonnade. Plus de 17000 personnes avaient signé une pétition réclamant que celle-ci soit gardée en place, et des fonctionnaires de Paris faisaient pression dans le même sens. Il fut donc demandé à Foster de revoir son projet de façon à y incorporer le portique. Il le fit, sans beaucoup de conviction. Dessins et maquettes furent remis, mais Foster restait mal à l'aise quant aux résultats. "J'étais tout à fait détendu sur le principe," dit-il, "mais ce n'était pas réalisable dans la pratique. Je dus finalement faire part au maire qu'il en allait ainsi. Vous auriez pu réaliser un merveilleux musée derrière cette colonnade, mais non la mixité d'usages qui était requise." Pour Jean Bousquet, la controverse du portique tenait d'une petite crise politique. Il arriva à la conclusion que le vestige devait être démoli et que lui seul pouvait en décider. "Bousquet eut le courage de prendre cette décision," dit Foster, "et j'en fus d'autant plus convaincu que nous avions trouvé un maître d'ouvrage exceptionnel."

Gagner le concours de Nîmes fut un évènement marquant dans la carrière de Norman Foster. La commande d'un nouveau bâtiment très important au centre de Londres pour la BBC le mit en prise avec les problèmes de la construction dans un tissu urbain historique – le projet fut abandonné en 1985. Ses réalisations jusqu'à ce jour se situaient pour la plupart hors des villes. Les dix années qui furent nécessaires à l'exécution du Carré d'Art virent Foster établir sa réputation comme l'un des meilleurs urbanistes au monde. Alors que l'agence s'attaquait aux plans d'exécution pendant l'automne de 1984, les éléments principaux du projet de concours furent rapidement mis au point. Le portique (ou auvent) faisant face à la Maison Carrée resta une constante. "Nous explorions consciemment des thèmes classiques," dit Foster, "et nous avions une idée bien définie de ce que pouvait être le dialogue avec la Maison Carrée." En même temps, l'idée d'unifier l'espace entre les bâtiments (jusqu'alors un désordre de routes, parkings et niveaux variés) vit le jour.

Construction was a long drawn-out process, and completed in stages as funds became available. Halfway through the process, the site was inundated by flooding, which led to a redesign of the ground floor in order to protect the library and the permanent collection of contemporary art.

La construction fut un procédé de longue haleine, et fut achevée au fur et à mesure que les crédits devenaient disponibles. En cours de chantier, le site fut recouvert par une inondation, ce qui amena à repenser le rez-de-chaussée de façon à protéger la bibliothèque et la collection d'art.

Les premières esquisses de Foster montrent que la Place de la Comédie était envisagée comme un lieu de rencontre, comme une totalité. Bien qu'il était impossible de faire disparaître complètement le boulevard qui traverse la place du nord au sud, le site serait considérablement amélioré par l'exclusion du parking et le pavage de la place. Séparés par 17 siècles, les deux bâtiments – Carré d'Art et Maison Carrée – devaient assurer la continuité de l'histoire et de la culture urbaine.

Il était logique que le musée, destiné à abriter la collection permanente de la ville et des expositions temporaires, soit situé aux étages supérieurs du bâtiment. Il pourrait ainsi disposer d'un éclairage zénithal ou être équipé d''"entonnoirs de lumière" éclairant les niveaux inférieurs. Un système de brises-soleil serait requis pour filtrer la lumière de façon à obtenir le meilleur système d'éclairage naturel, en accord avec les conditions de conservation. A ce dispositif viendrait s'ajouter un éclairage électrique performant, pour lequel Foster engagerait un collaborateur estimé, l'Américain Claude Engle. La bibliothèque publique se trouverait plus bas, ses espaces se prolongeant en dessous du niveau de la rue sur plusieurs niveaux, qui tous recevraient néanmoins de la lumière naturelle. Les réserves pour les oeuvres d'art et les livres de même que les

services techniques seraient situés sur d'autres niveaux en sous-sol.

Le bâtiment a pu être envisagé comme un lieu de convergence entre deux cultures: une culture littéraire, écrite, incarnée par la bibliothèque, et une culture graphique, visuelle, représentée par le musée. L'espace d'accueil et l'atrium devaient réunir ces deux cultures. Une situation comparable caractérisait le Centre Pompidou de Rogers et Piano, mais les espaces flexibles, ouverts de Beaubourg ne devaient pas être repris à Nîmes. Depuis que Beaubourg a ouvert ses portes en 1977, une réaction a eu lieu favorisant des espaces d'exposition plus traditionnels. De plus, à Nîmes, la rivalité entre les deux "empires" de la bibliothèque et du musée conduit à une stricte démarcation entre leurs territoires. Il ne pouvait être question d'une remise en cause révolutionnaire de leurs limites, mais il fallait néanmoins assurer que le bâtiment soit perçu comme un tout. La cour centrale de Foster serait donc un lieu de rencontre à la fois pour le public et pour ces deux cultures.

"Le coeur du projet", écrit Foster, "est une sorte de cour de musée dans laquelle un escalier généreux tombant en cascade relie tous les niveaux publics." Les origines traditionnelles de cet espace étaient claires dès le départ: l'hommage rendu par Foster au paysage urbain du vieux Nîmes contribua à l'issue du concours. Mais d'autres

influences venaient de bien au delà des frontières du Languedoc-Roussillon. Le contrôle de la lumière naturelle est un art que Foster maîtrise à merveille. Dans le Midi, la lumière est forte, parfois intense. Le Carré d'Art fut conçu de façon à optimiser son utilisation et a l'aménager d'un point de vue à la fois pratique et esthétique. Il y a longtemps que Foster admire l'architecture traditionnelle japonaise. Dans celle-ci, des écrans filtrent et diffusent la lumière, et créent une atmosphère sereine qu'il souhaitait recréer dans le Carré d'Art. Il y a trente ans, il découvrait un bâtiment européen dans lequel le peu de lumière naturelle disponible au coeur d'un flot ancien fut manipulé de façon à obtenir un effet étonnant comparable. Le Carré d'Art devint en quelque sorte un hommage a ce bâtiment: la Maison de Verre à Paris par Chareau et Bijvoet. D'une part, le Carré d'Art comporterait des éléments légers en verre et en métal, de l'autre, sa structure serait manifestement solide, associant béton et pierre d'habillage par déférence au contexte. Le bâtiment se tiendrait sur une assise massive en pierre locale. Une grande fente vitrée diviserait la façade, sans toutefois compromettre le parti fondamental en faveur d'une certaine monumentalité. Le bâtiment "ne doit en aucune façon évoquer l'industrie", note Foster en marge de l'un de ses croquis.

Presque deux ans s'écoulèrent à la suite du concours avant que le feu vert soit donné de Paris pour démarrer le chantier. Bien que la majeure partie du financement du projet provienne de la ville de Nîmes, à laquelle il faut ajouter une donation importante de la Région, une aide de l'Etat restait nécessaire. Les travaux ne furent pourtant lancés qu'au début 1988, car durant l'automne de cette année, une catastrophe eut lieu. Des pluies diluviennes se déversant de la garrigue jusqu'à la ville inondèrent le centre de Nîmes. Le site du Carré d'Art était sous l'eau. Personne n'aurait pu prévoir un tel évènement. Les travaux prirent du retard, et il fut demandé aux architectes d'étudier en urgence les moyens de protection du bâtiment, où des livres précieux et des oeuvres d'art seraient entreposés, contre un tel désastre. Enterrer tant d'espace avait toujours été une option coûteuse, mais cette solution était la seule qui permette au bâtiment de s'inscrire dans les limites de son site sans dépasser une hauteur acceptable. En face du danger réel d'inondation, Foster fit de nécessité vertu en soulevant le bâtiment sur un "podium" de 1,5 mètres de haut sur tout son périmètre. Ce geste "classique" aurait pu sembler en désaccord avec l'architecture de Foster mais son effet fut d'inscrire plus clairement encore le bâtiment dans son contexte. Quoi qu'il en soit, le projet de concours montrait

déjà un bâtiment posé sur un socle en gradins.

Tandis que le projet évoluait – et les délais conséquents à la demande de permis de construire et à la recherche de financements fournirent tout le temps nécessaire à des révisions – la monumentalité du projet de concours fut petit à petit atténuée. Les parements de pierre furent remplacés par le verre, l'acier et le bronze. La façade faisant face à la Maison Carrée devint temporairement concave – un geste engageant, désarmant par son informalité qui rappelait le grand espace d'entrée du projet de Foster pour la BBC – mais la géométrie formelle du bâtiment fut éventuellement rétablie. Les correspondances entre le "portique" et ses antécédents classiques devinrent plus directes. Selon un critique, Foster aurait eu dès le début une vision du bâtiment qu'il souhaitait créer – le projet de concours aurait toujours été envisagé comme faisant partie d'une stratégie, et destiné à être remplacé en temps utile par quelquechose dépourvu de compromis. Néanmoins cette interprétation ignore tout ce que Nîmes apporta à Foster et à son équipe au fur et mesure que le projet avançait. Elle ne prend pas compte de la conviction croissante des architectes selon laquelle un parti contemporain sans compromis peut contribuer de façon très positive à un environnement urbain

historique. Au printemps 1985 apparut une façade toute en verre et en métal que l'on retrouve dans le bâtiment tel qu'il a été réalisé. Celle-ci fut d'abord placée de biais, et l'atrium ou galerie, sur le côté. La configuration spatiale d'ensemble resta essentiellement inchangée: deux niveaux de musée en haut, trois niveaux de bibliothèque plus bas, et en sous-sol des niveaux pour les réserves. Un ensemble de larges rampes plutôt que des escaliers conduisait aux divers niveaux, tandis que des ascenseurs et des escaliers placés à la périphérie permettaient de découvrir la ville. Le projet s'était rapproché de ce que certains critiques, troublés par les plans du concours, purent considérer comme l'approche "caractéristique" de Foster. Mais il connut d'autres développements selon un processus rigoureux de révision et d'épuration (montrant à quel point l'architecture de Foster est à la fois "traditionnelle" et "moderne").

Le Carré d'Art illustre le cheminement de Foster allant du projet pour la BBC jusqu'aux galeries Sackler de la Royal Academy de Londres (conçue et réalisée alors que le Carré d'Art était en construction).

Pour construire le Carré d'Art, il fut nécessaire d'ouvrir un bureau de l'agence Foster à Nîmes. Personne parmi ceux qui furent impliqués ne peuvent prétendre que le projet fut sans problème – les entreprises locales et l'industrie du bâtiment

française en général n'étaient pas familières aux architectes et des liens professionnels durent être établis par le biais d'une expérience commune. Le projet dut également être adapté aux divers besoins des utilisateurs et d'inévitables modifications furent apportées. Toutefois, lorsque le site fut de nouveau praticable après les inondations de 1988, les progrès furent rapides et le bâtiment fut effectivement terminé avant la fin de l'année 1992, laissant une période d'environ six mois pour les aménagements intérieurs.

Foster tire une certaine fierté de ce que le coût total du bâtiment (FF 235 millions à l'exclusion des ameublements) fut bien en deçà de l'enveloppe budgétaire.

Le souhait de Foster de créer quelquechose d'"éternel" – "juxtaposant l'ancien et le nouveau de façon à enrichir l'ensemble" a reçu une expression éloquente dans le bâtiment tel qu'il a été réalisé. Foster a réussi à reconquérir la Place de la Comédie pour le public au moyen d'un simple dallage de pierre en gradins, créant ainsi un cadre plein de noblesse autour de la Maison Carrée. Le contour des vestiges romains dégagés lors des fouilles qui précédèrent le début des travaux fut inscrit sur le dallage. Le Carré d'Art n'est bien évidemment pas un bâtiment classique au sens habituel du terme. Foster parle d'"une exploration consciente des thèmes classiques" et de la

nécessité d'engager un dialogue avec le célèbre temple romain. Les colonnes d'acier très élancées qui portent l'auvent (déjà présentes dans le projet de concours) sont au nombre de cinq, ce qui est contraire aux normes classiques. L'élévation sur la place est calme, ni trop expansive ni manifestement effacée ou respectueuse à l'excès. Ses proportions, jugées avec finesse, témoignent d'une noblesse naturelle et ses détails sont exigeants. Sous l'auvent, un retrait est taillé dans la façade de façon à exprimer l'entrée qui reste désaxée. Montez les marches de l'entrée et votre regard plonge dans la salle de lecture de la bibliothèque. L'escalier en verre est l'élément dominant à l'intérieur du bâtiment – un arrangement que l'on retrouve ultérieurement dans d'autres projets de Foster. Dans le cas de Nîmes, sa logique est claire: l'escalier fait partie d'une stratégie destinée à amener la lumière du jour dans les parties inférieures du bâtiment, là où est située la bibliothèque.

L'intérieur du Carré d'Art exprime clairement la tension entre ce qui est solide et monumental, et des éléments légers, voire dématérialisés, qui a caractérisé le projet dès le concours de 1984. Le centre du bâtiment est constitué, comme Foster l'a toujours envisagé, d'une cour s'élevant sur toute la hauteur du bâtiment, jusqu'à la toiture vitrée. Il est dommage toutefois que, contrairement au

The simplicity of the concrete structure was tailored to take account of the practical realities, and allows for an easy transition from the deep, excavated basement, to the lighter steel and glass structure of the roof.

La simplicité de la structure en béton était destinée à prendre en compte des contraintes d'ordre pratique, et permit une transition souple des profondeurs du sous-sol jusqu'à la structure légère en verre et en métal du toit.

projet initial, la toiture n'ait pu s'ouvrir vers le ciel, tel l'oculus d'un grand télescope. Le maître d'ouvrage demanda une garantie absolue que son mécanisme ne tombe jamais en panne. Mais comment faire face à l'un de ces orages soudains qui éclatent parfois dans le Midi de la France – le déluge de 1988 restait présent à l'esprit – et à une éventuelle coupure de courant? Avec la toiture enrayée en position ouverte, le bâtiment risquait d'être inondé en quelques minutes. Foster dut admettre qu'aucun système mécanique ne peut être à toute épreuve. "Le maire ne pouvait pas prendre un tel risque et nous avons dû modifier le projet", dit-il. "Mais nous le construirons autre part, peut-être dans un lieu où le climat est moins imprévisible." Sous

la toiture à double pente – un autre geste motivé par le climat – un velum en tissu a été tendu de manière à égaliser et adoucir la lumière. A d'autres endroits, des brises-soleil commandés par ordinateur et destinés à arrêter les rayons du soleil, sont fixés sur le toit. Chacune des quatre façades reçoit des brises-soleil. Cet arrangement garantit un bon éclairage naturel, filtre le soleil parfois intense du Midi, protège les oeuvres d'art et les livres et assure des conditions climatiques confortables pour les usagers.

Le plan du bâtiment est très simple. Il est régi par une série régulière de poteaux en béton coulé sur place, qu'on retrouve en façade. Un béton de haute qualité côtoie l'acier et le verre dans tout le

bâtiment. Les planchers sont conçus comme des galeries encerclant l'espace central. "Nous avons cherché à varier les points de vue: à l'intérieur et à l'extérieur, de près ou de loin," explique Foster. "Il s'agissait de créer des rapports visuels. Des vues sont offertes sur l'espace central, même si elles ne sont qu'un aperçu, mais les divers espaces restent des mondes privés. Partout, l'absence de tout sentiment d'enfermement est frappante. La stratégie d'éclairage de Foster a été une contribution essentielle au sentiment de bien-être dans un bâtiment qui se devait d'abriter beaucoup d'espace sur un site restreint. Foster et ses collègues ont fait des recherches approfondies sur la technologie du verre, qu'ils ont employé en virtuose: verre transparent, opaque ou dépoli.

Mais l'objectif n'était pas simplement d'obtenir des effets visuels plaisants. Le Carré d'Art est un bâtiment écologique. Traditionnellement, les constructions en région méditerranéenne font usage de murs épais et de petites ouvertures de façon à compenser les fortes variations du climat. Un bâtiment hermétiquement clos équipé d'une ventilation mécanique est l'alternative moderne conventionnelle. Mais le recours à la climatisation aurait été contraire au souhait de Foster de construire "naturellement". A sa place, un système de ventilation assisté fut

mis au point, les gaines circulant dans les dalles de béton des planchers. Les appareils de ventilation et de chauffage se trouvent en sous-sol.

Les occasions d'un regard panoramique sur la ville historique à partir du Carré d'Art sont fréquentes. Pourtant dans deux endroits seulement est-il possible de passer à l'extérieur. Un café-terrasse, glissé sous le grand auvent et auquel on accède par les galeries du dernier étage, offre une vue splendide sur la Maison Carrée. A l'arrière du bâtiment, un petit balcon permet d'apercevoir la Tour Magne. Mais le Carré d'Art n'est pas pour autant un ghetto artistique, fermé à la rue. Selon Foster, il "s'ouvre vers l'extérieur et accueille le public". Il n'a rien d'un palais de la culture. Le bâtiment peut être comparé à un pavillon dessiné par Mies van der Rohe, ou décrit comme une boîte de verre épuré, adaptée aux conditions locales. Mais l'admiration que Foster éprouvait au début de sa carrière pour l'architecte allemand a été tempérée lors des dernières années par la recherche d'une plus grande complexité et d'une plus grande force d'expression. Le Carré d'Art témoigne d'un caractère vigoureux et dramatique, fort éloigné de Mies van der Rohe. Sous certains aspects, il reste une oeuvre énigmatique, à mi-chemin entre la rigueur logique du Centre Sainsbury et la réalisation consciemment expressive, plus évocatrice de la

Foster's work in Nîmes has ranged in scale from the most detailed consideration of paving blocks, to the treatment of entire streets, and the formulation of urban strategies.

Le travail de Foster à Nîmes prit compte de toutes les échelles, allant de considérations les plus détaillées sur les pavés de dallage jusqu'à l'aménagement de rues entières et la formulation de stratégies urbaines.

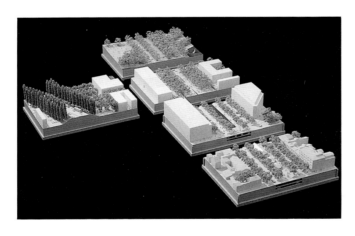

NÎMES

Rather than allowing development to spread in a piecemeal fashion across the landscape, Foster's strategy is to concentrate it along an axis for growth, a Champs Elysée-scaled grand boulevard linking the city centre with the airport.

Plutôt qu'autoriser un aménagement au coup par coup à travers le paysage, la stratégie de Foster envisage le rassemblement des projets le long d'un axe de croissance, un grand boulevard à l'échelle des Champs Elysées reliant le centre-ville à l'aéroport.

bibliothèque de Cranfield – cette dernière mettant clairement à profit des leçons apprises à Nîmes.

Le Carré d'Art n'est pas la seule contribution de Foster à Nîmes. Jean Bousquet croit que la ville doit planifier sa croissance. Tout en préservant intact son centre historique, elle doit, pense-t-il, ouvrir son arrière-pays. Foster a été fasciné par la forme urbaine de Nîmes depuis sa première visite. Il avait identifié le boulevard intérieur comme faisant partie du cadre du Carré d'Art. Il n'a jamais pu imaginer le bâtiment indépendamment de la ville. Bousquet avait engagé plusieurs designers en vue d'animer les rues de Nîmes – Starck, par exemple, a conçu entre autres choses un dallage et des lampadaires. L'attention de Foster porta sur les boulevards circulaires intérieurs qui forment en quelque sorte un "rampart" autour de la vieille ville. En densifiant les plantations d'arbres qui jalonnent cette limite historique correspondant à l'emplacement des fortifications romaines, Foster souhaite rendre ces lieux plus humains en les restituant aux piétons plutôt qu'à la circulation automobile. Il envisage également que le dallage et le mobilier urbain soient améliorés de façon à rendre les abords de la vieille ville plus séduisants.

A l'ouest du centre de Nîmes, Foster propose de renforcer, par de nouvelles plantations et des transformations apportées au tracé

et au sol de la voirie, l'identité du Boulevard Jean Jaurès. Conçu au début du siècle sur le modèle d'urbanisme prôné par les Beaux Arts, le Boulevard ne réussit pas à attirer de nouveaux développements et aboutit à présent nulle part. Non sans ironie, sa forme est celle des célèbres Ramblas à Barcelone, composée d'une large allée centrale piétonne flanquée par des voies routières. Seulement une fois par semaine, lorsque s'y installe le marché, le boulevard reprend-t-il vie. L'"axe" Foster fait de lui l'épine dorsale de Nîmes. Il le prolonge vers le sud au delà de la voie ferrée et de la route périphérique, de quelques huit kilomètres en direction de la mer. Décrit par Bousquet comme "un geste infini", l'axe Foster marche héroïquement à travers les franges urbaines vers la campagne. A première vue, il correspond à une notion bien française, logique et directe au possible. Foster admet qu'il constitue "un grand geste civique", mais croit qu'il permettra d'ordonner et de mettre en forme les franges de la ville. Plus qu'une simple grande route le long de laquelle viendraient s'aligner au hasard des aménagements, il se veut un lien, une transition disciplinée entre le cœur de la ville et la campagne.

L'année de l'inauguration du Carré d'Art voit Foster participer à un autre concours d'architecture à Nîmes. Le site de l'"Ilôt Grill", comme il a été nommé, est situé à l'extrémité du

boulevard des Arènes, en face des arènes romaines. Le programme demandait un bâtiment de 7500m2, dans lequel se trouveraient au rez-de-chaussée un nouveau syndicat d'initiative, des magasins, des restaurants et une banque et, aux étages supérieurs, 50 appartements et quelques bureaux. 200 places de voitures occuperaient deux niveaux en sous-sol. Foster commença sa réflexion sur le site en imaginant quels pourraient être les points de vue des acteurs, qu'ils soient promoteurs ou utilisateurs. Il souhaitait créer un bâtiment qui non seulement satisferait les demandes du programme, mais serait tourné vers la ville. La vie de la ville devrait même irriguer le bâtiment. Le centre du projet serait une cour intérieure, comparable à celle du Carré d'Art mais complètement ouverte au climat. Il était également question que le projet soit agrandi à une date ultérieure et Foster envisagea son extension autour de deux cours auxiliaires.

Le projet de l'Ilôt Grill évolua de la conception d'un simple bâtiment à celle d'un nouveau quartier de la ville. La cour en formerait le centre, les appartements donnant sur l'espace public au milieu duquel se tiendrait une fontaine. Le site serait ouvert à la circulation piétonne, le syndicat d'initiative, la banque et les magasins s'ouvrant à la fois sur la cour et sur les rues voisines, et un café occupant la place de choix, en face des arènes. La proximité du

célèbre monument romain fut une contrainte décisive. Le Carré d'Art était devenu une structure légère et élancée par respect à la Maison Carrée. L'Ilôt Grill aurait une façade relativement massive, habillée en pierre et reliée concrètement au nouveau dallage du boulevard, dont le quadrillage correspondrait à celui de la façade. L'approche de Foster quant à l'usage du site était rigoureuse, classique et même méridionale.

Nîmes a exercé une influence considérable sur Norman Foster. Par elle, lui est venu le désir d'explorer plus en profondeur les traditions européennes d'urbanisme classique. Il en est également venu à étudier comment celles-ci pouvaient être conciliées avec l'ère technologique, qui a transformé un arrière-pays tranquille en une ville parmi les plus progressives du bassin méditerranéen. A Nîmes, le poids de l'histoire est tangible. L'une des réponses possibles face à l'histoire consiste à l'imiter: c'est la forme indigente d'un hommage au passé. Le Carré d'Art, plus que tout autre bâtiment récent à Nîmes, est le symbole de la nouvelle identité de la ville. L'équilibre inspiré que Foster établit entre une tradition urbaine et architecturale basée sur la rue, la cour et le portique, et des technologies et des formes nouvelles a une portée considérable, à l'heure où le bassin méditerranéen consolide sa position dans l'Europe de demain.

The Carré d'Art echoes the characteristic Nîmes motif of lantern roofs above stairwells. It's a large building, but not one which conflicts with its urban setting.

Le Carré d'Art renvoie à un motif caractéristique de Nîmes, les lanterneaux de toiture coiffant les cages d'escalier. C'est un bâtiment de grande taille qui n'entre pas pour autant en conflit avec la texture fine du cadre urbain.

FOLLOWING PAGES: The Carrée conducts a dialogue with the square of which it forms one side, and the Maison Carrée. The slender pillars of the Carré d'Art's portico acknowledge, but do not replicate, the pilasters of the temple.

PAGES SUIVANTES: *Le Carré d'Art établit un dialogue avec la place dont elle forme l'un des côtés, et la Maison Carrée. Les piliers élancés de son portique répondent, sans les imiter, aux pilastres du temple.*

L'ivresse du réel
l'objet dans l'art du XXᵉ siècle

Glass stairs cascade
through the heart of
the building like a
waterfall, far left.
Canvas screens, left,
are a simple, direct
way of keeping out
direct sunlight.

*Des escaliers de verre
dévalent telle une
cascade à travers le
coeur du bâtiment, à
l'extrême gauche.
Des écrans, au dessus,
font échec à la lumière
directe du soleil.*

PRECEDING PAGE:
The entrance hall,
with its stone floor
and its generous scale,
is shared by both the
gallery on the upper
levels, and the library
below. It has the
character of an urban
square rather than
an interior.

PAGE PRÉCÉDENTE:
Le Carré d'Art établit
un dialogue avec la
place dont elle forme
l'un des côtés, et la
Maison Carrée. Les
piliers élancés de son
portique répondent,
sans les imiter, aux
pilastres du temple..

The hollowed-out core
of the building contains
not just the staircases,
that take you down past
the library floors, but
also a glass-walled lift.
Though the floor of the
atrium is below ground
level, there is enough
daylight filtering
through glass above
to ensure that it never
feels subterranean.

*Le centre en creux du
bâtiment ne contient
pas seulement les
escaliers qui vous
emmènent le long
des niveaux de la
bibliothèque, mais
aussi la cage de verre
d'un ascenseur. Bien
que le sol de l'atrium
soit en contrebas
du rez-de-chaussée,
suffisamment de
lumière naturelle y
pénètre au travers des
éléments de verre au
dessus pour faire en
sorte qu'il n'aie jamais
l'aspect d'un sous-sol.*

FOLLOWING PAGE:
Foster's office is
responsible for the
detailed design of the
furniture within the
galleries, including
the bench seating.

*PAGE SUIVANTE:
L'agence de Foster a
assuré la conception
détaillée du mobilier
à l'intérieur du musée,
y compris celle des
banquettes.*

The cool, calm architecture of the gallery interiors, above, provides an effective setting for the permanent collection, with its emphasis on challenging contemporary work. Supported on cranked steel beams, the central staircase, right, dominates the atrium.

L'architecture calme des intérieurs du musée, ci-dessus, forme un cadre réussi pour les collections permanentes, dont l'accent est mis sur des oeuvres contemporaines parfois difficiles. Portées par des poutres coudées en acier, l'escalier, á droit, central domine l'atrium.

FOLLOWING PAGE:
Sunk below ground level, the adult reading room for the libary is framed by austere concrete walls. The setting, which is calculated to enhance concentration, is graced by a treble-height void above the town's pedestrian routes.

PAGES SUIVANTE:
En contrebas du niveau du sol, la salle de lecture principale de la bibliothèque est entourée d'austères murs de béton. Ce cadre, qui est conçu de façon à accroître la concentration, est également mis en valeur par une triple surhauteur.

The museum's café is on the top floor, with its terrace opening out to look down over Nîmes and the Maison Carrée. The traces of the Roman forum that once occupied the square are delineated by column bases where they survive, and cast brass markers in the paving where they do not.

Le café du musée est au dernier étage, flanqué d'une terrasse donnant sur la ville de Nîmes et la Maison Carrée. Les traces d'un forum romain qui se tenait autrefois sur la place sont esquissées par les bases de colonnes lorsque celles-ci existent encore, et autrement par des jalons en cuivre encastrés dans le dallage.

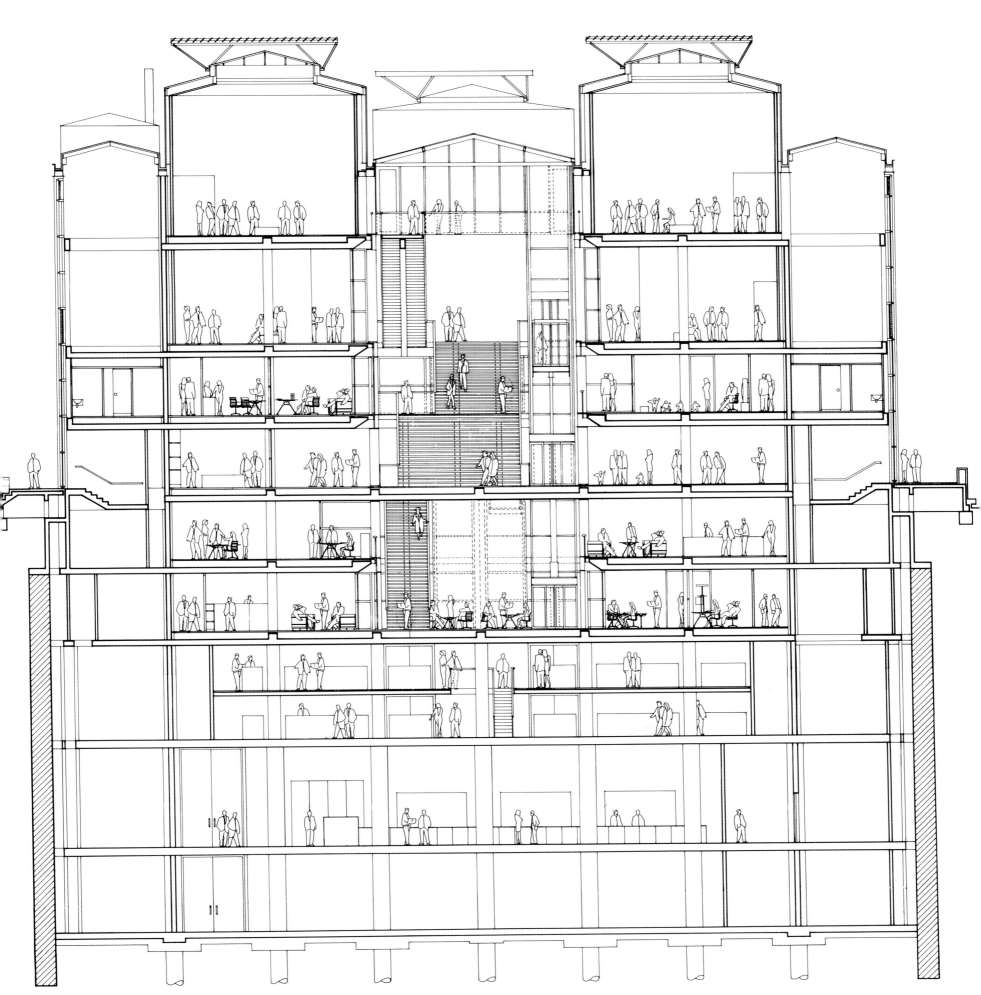

Cross section
Coupe transversale

41

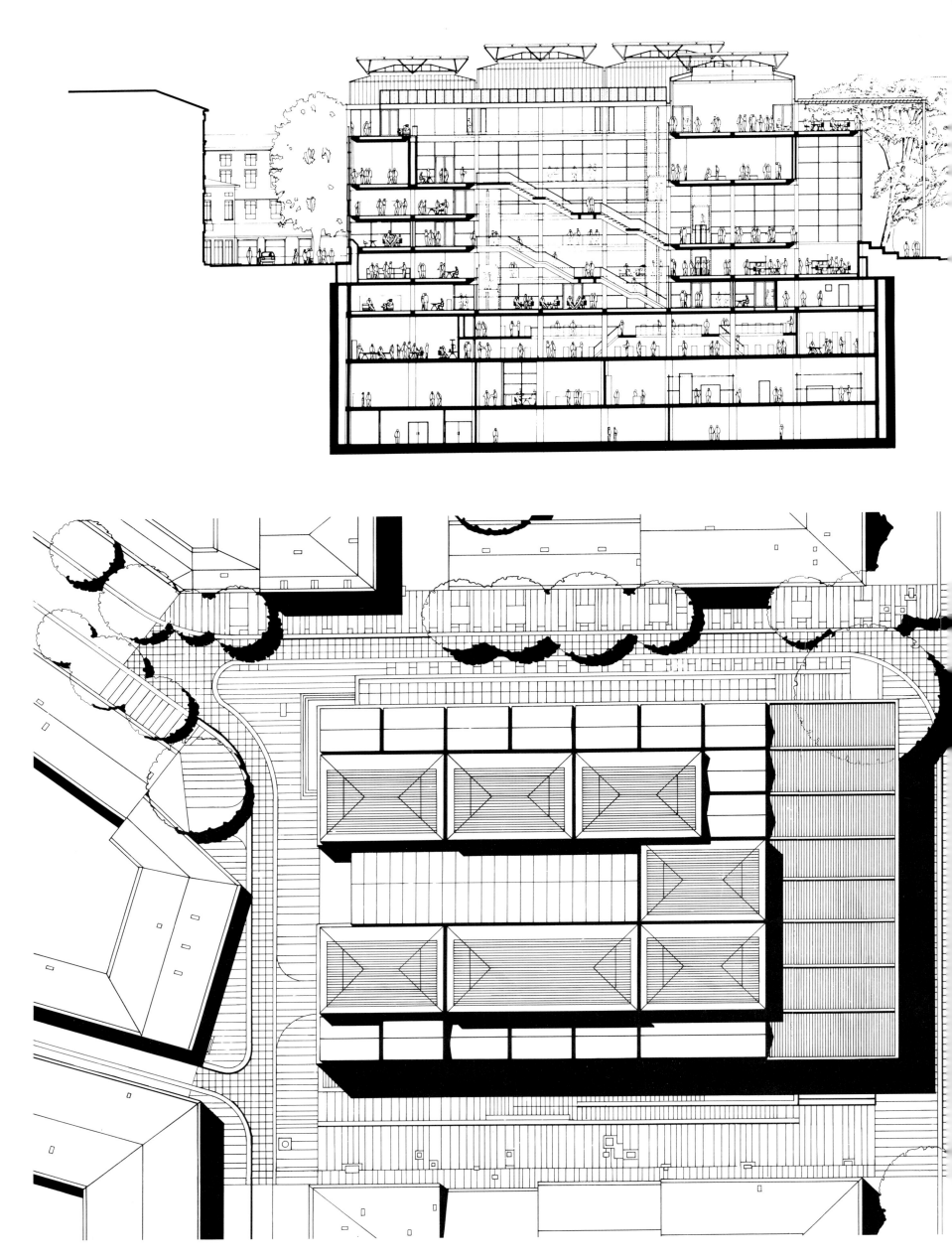

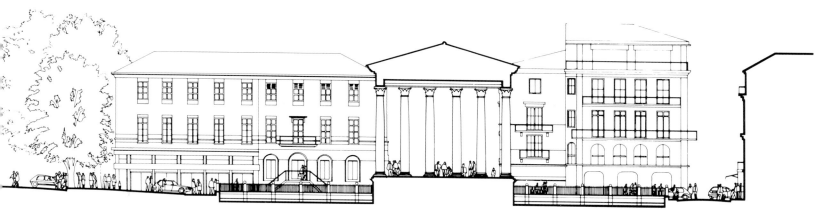

Long section
Coupe longitudinale

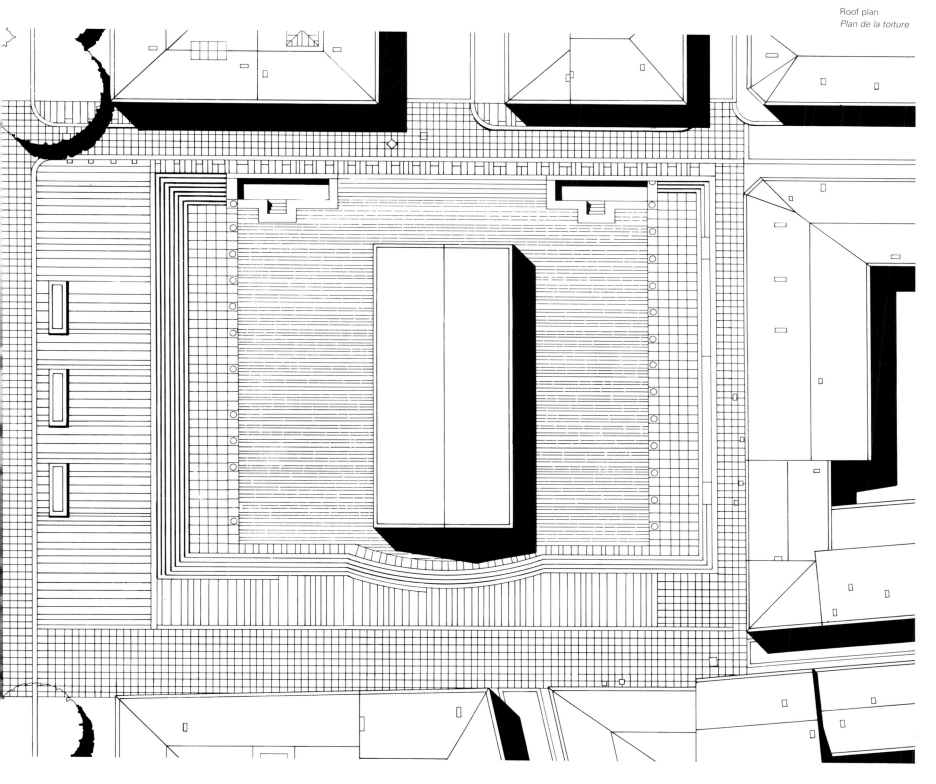

Roof plan
Plan de la toiture

43

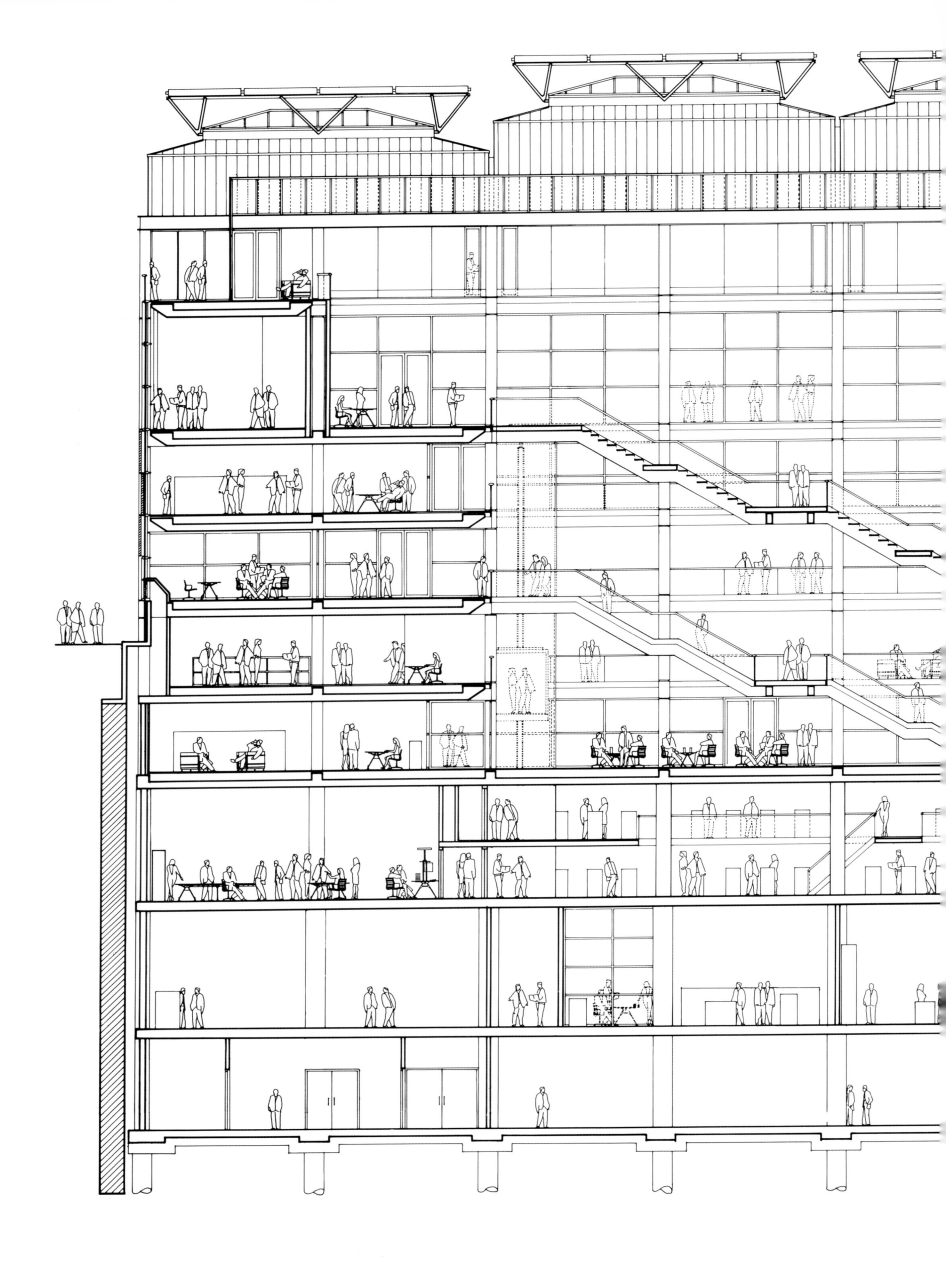

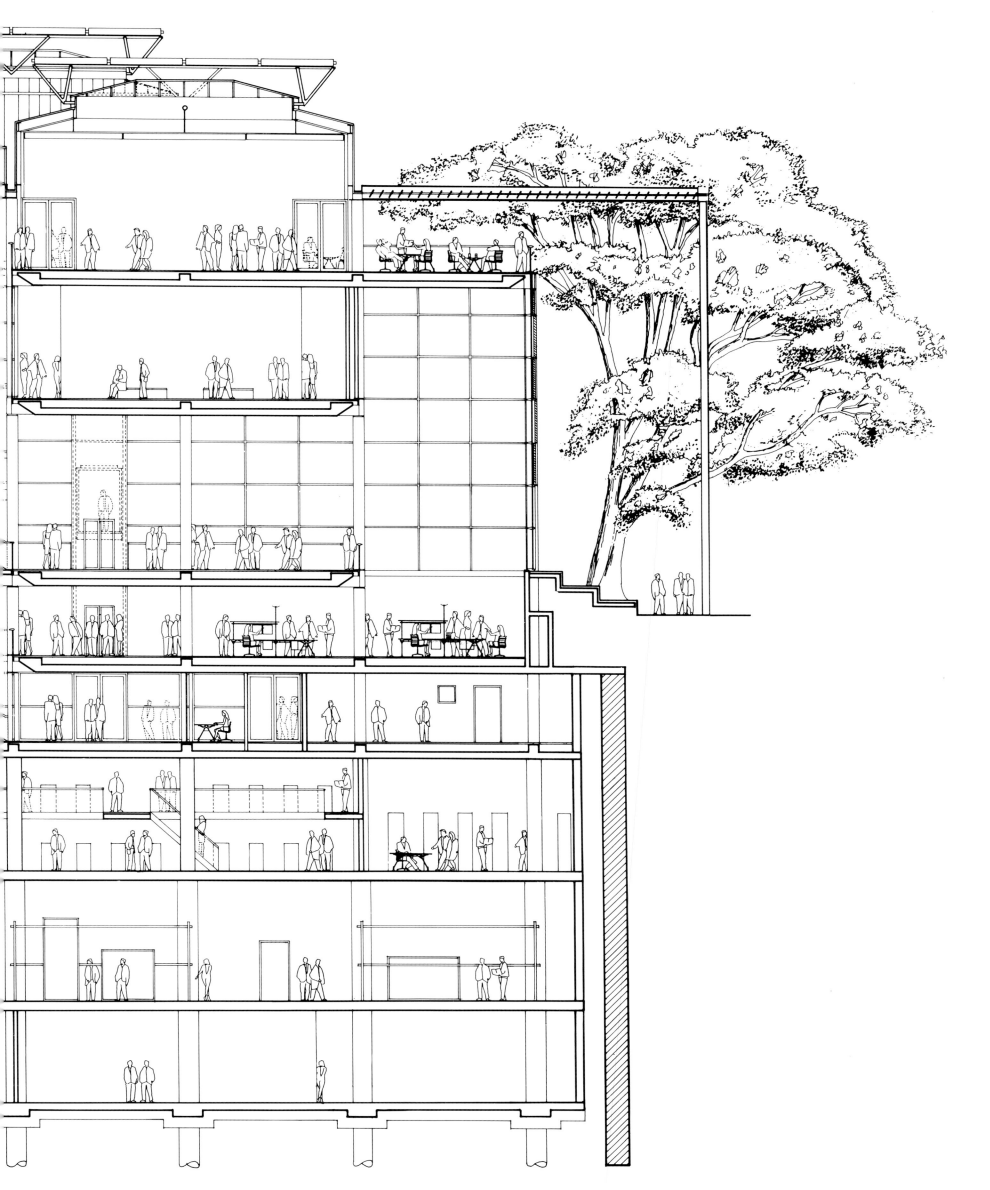

Section
Coupe

A: Lower basement
1 Auditorium
2 Music mediatheque
3 Work room
4 Museum archive
5 Projection/
   conference room
6 Temporary
   exhibitions
7 Small conference
   room
8 Café
9 Administration

A: 2ème sous-sol
1 Auditorium
2 Médiathèque
* musicale*
3 Salle de travaille
4 Documentation
* musée*
5 Salle de conference/
* projection*
6 Expositions
* temporaires*
7 Petite salle de
* conference*
8 Café
9 Administration

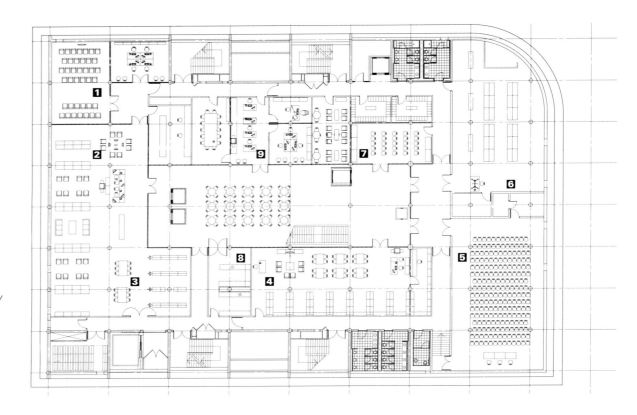

B: Basement
1 Adult mediatheque
2 Air-conditioning
3 Refuse
4 Administration

B: 1er sous-sol
1 Médiathèque des
* adultes*
2 Local techniques
* climatisation*
3 Local poubelle
4 Administration

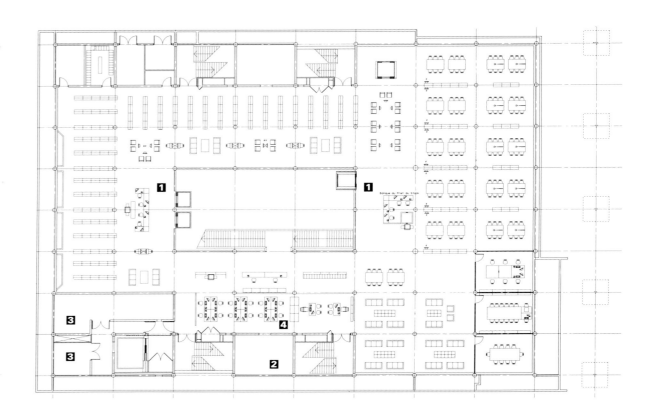

C: Mezzanine
1 Void
2 Children's area

C: Mezzanine
1 Vide
2 Enfants

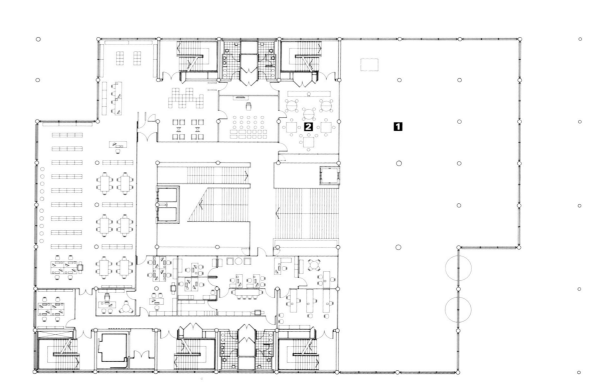

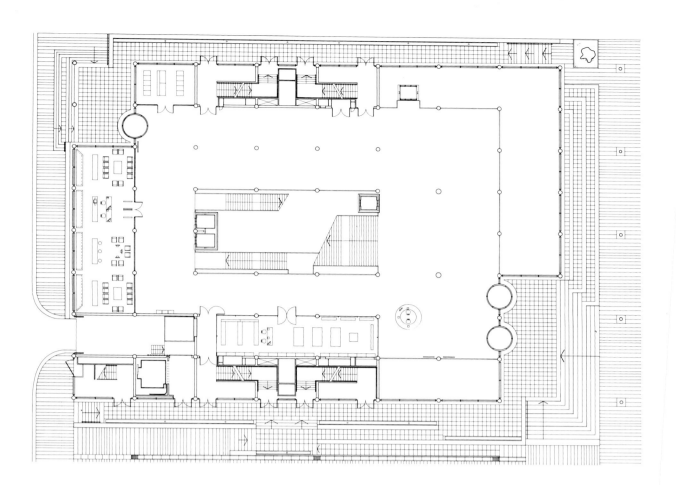

D: Entrance level

D: Rez-de-chaussée

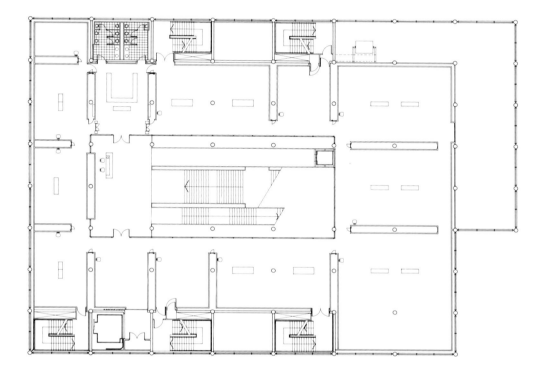

E: Lower gallery level

E: Niveau inférieur du musée

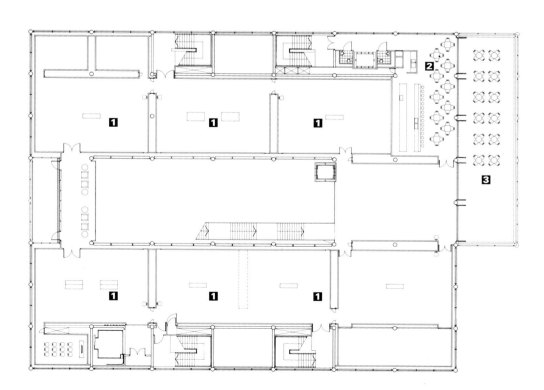

F: Upper gallery level
1 Gallery
2 Bar
3 Terrace

F: Niveau supérieur du musée
1 Galeries d'exposition
2 Bar
3 Balcon

Architects

Sir Norman Foster
and Partners

Competition team
Norman Foster
Wendy Foster
Robin Partington
Max Neal
Nic Bailey
Andrew Birds
Nicholas Eldridge
Martin Francis
Paul Jones

APS/APD team
Norman Foster
Max Neal
Nic Bailey
Serge Belet
Arnault de Bussière
Martin Francis
Garnet Geissler
Michael Haste
Richard Hawkins
Edward Hutchinson
Huat Lim
David Morley
Hartwig Schneider
Martin Webler

*Team from
construction to
completion*
Norman Foster
Sabiha Foster
Ken Shuttleworth
David Nelson
Graham Phillips
Robin Partington
Rodney Uren
Paul Kalkhoven
Alex Reid
Arthur Branthwaite
Chris Eisner
Max Neal
Tim Quick
John Small
Chris Abell
Nic Bailey
Serge Belet
Ruth Conroy
Arnault de Bussière
Katherine Delpino
Pascal Desplanques
Shaun Earle
Nicholas Eldridge
Bertrand Feinte
Lulie Fisher
Martin Francis
Jean Pierre Genevois
Bruce Graham
Michael Haste
Edward Hutchison
Michael Jones
Alexander Lamboley
Eddie Lamptey
Huat Lim
John McFarland
Sophie Mears
Jesper Neilson
Irene Pham
Victoria Pike
Etienne Renault
Joel Rutten
Kriti Siderakis
Ken Wai
Cindy Walters
Louisa Williams

Consultants

Structural engineers
Ove Arup & Partners
OTH

*Mechanical and
electrical engineers*
OTH

Quantity surveyor
Thorne Wheatley

Lighting consultant
Claude Engle

Acoustics consultant
Commins

*Maintenance
systems*
Jolyon Drury
Consultancy

Fire security
Casso Gaudin

Project management
Algoe

**Principal
contractors**

Concrete structure
Meridional des
Travaux

Steelwork/Rootlights
Sitraba/GMG

Roofing
Le Ny

Louvres
Gargini/G
TECH/Merlo

Cladding
Sitraba//CFEM

Lifts
OTIS

Raised floors
HIROSS

**Sir Norman Foster:
Curriculum Vitae**

Norman Foster was
born in Manchester
in 1935. He studied
both Architecture
and City Planning at
Manchester University.
After graduating in
1961, he was awarded
a Henry Fellowship to
Yale University where
he received a Master's
Degree in Architecture.
In 1967 Norman
and Wendy Foster
established Foster
Associates. Sir
Norman Foster and
Partners is now an
international practice
whose work has
received over 90
awards and won
fifteen international
competitons for
buildings.
Major buildings
include the Sainsbury
Centre for Visual Arts
in Norwich; the
Hongkong and
Shanghai Bank in
Hong Kong; the
Sackler Galleries at
the Royal Academy
in London; Stanstead,
London's third
international airport;
Century Town in
Tokyo and the Torre
de Collserola, a
communications
tower in Barcelona.
Masterplans include
King's Cross and
Greenwich in London;
Nimes and Cannes
in France; Berlin and
Duisburg in Germany
and Rotterdam in
Holland.
Earlier buildings
include the Willis
Faber & Dumas Head
Office in Ipswich,
which has been
awarded "listed
building" status, and
the Renault Centre
in Swindon.
The most recent
projects include a
new headquarters
for Commerzbank
in Frankfurt; a new
airport at Chek Lap
Kok for Hong Kong,
covering an area of
1,248 hectares,
making it the largest
project in the world;
the Musée de la
Préhistoire in the
Gorges du Verdon,
France; a Congress
Centre for the city
of Valencia; a new
headquarters for the
Credit du Nord bank in
Paris and a 58 metre
long aluminium hulled
ocean-going yacht.

**Blueprint Extra 11
Carré d'Art, Nîmes**

First published in
Great Britain in 1993
by Wordsearch Ltd
26 Cramer Street
London W1M 3HE
Telephone
071 486 7419
Facsimile
071 486 1451
ISBN 1 874235 12 0
Copyright © 1993
Wordsearch

Distribution
Faye Greenwell

Design
John Belknap

Editing
Deborah January
Caroline Roux

Origination
DawkinsColour

Printing
Cambus Litho

Colour photography
Richard Bryant
P.26: James Morris

Text
Ken Powell

Translation
Paul Bellaigue